Des peurs de toutes les couleurs

Une histoire de Pascal Brissy,
illustrée par Loïc Méhée

Chapitre 1

Le **clan** des P'tits Orteils habite dans la vallée des **Silex**.
Chez eux, il y a trois règles importantes :

- Ne pas dessiner sur les murs de la grotte sans permission ;
- Toujours finir son casse-croûte au mammouth !

• Et ne pas aller trop loin,
parce qu'en chemin on peut avoir
des peurs de toutes les couleurs !

Mais Cro-Manon fait souvent
la sourde oreille.

Surtout aujourd'hui. Son ami Dur-Dur lui dit en montrant la forêt :

– Tu n'es pas **chiche** d'aller par là !

– Moi ? Pas chiche ?

Cro-Manon s'élance à travers les hautes herbes, Dur-Dur sur les talons.

Hélas, parcourir la forêt n'est pas **chose aisée** ! Il n'y a pas de chemin tracé et les **pagnes** s'accrochent souvent aux branches des buissons.

Soudain, Cro-Manon montre une liane bizarre à Dur-Dur :

– Regarde... Ça bouge !

Évidemment ! Ce n'est pas une liane, c'est un gros serpent !

Cro-Manon et Dur-Dur prennent leurs jambes à leur cou.

– **AAAH ! AU SECOURS !**

Chapitre 2

Ouf ! Une fois sortis de la forêt, les deux imprudents s'arrêtent pour souffler :

– Nom d'une côtelette !

Cro-Manon et Dur-Dur viennent d'avoir une peur bleue !

Le danger est loin derrière.
Oui, mais devant eux se dresse
un nouveau problème…
Un troupeau de mammouths barre
le passage au milieu de la prairie,
et il n'y a pas d'autre choix
que de passer par là.

Cro-Manon réfléchit. Les chasseurs du clan lui ont déjà dit :

– Houga ! Bouga ! Danger !

– Pas embêter mammouth si lui déjeuner !

Heureusement, la fillette a une idée. Elle conseille à son ami :

– Fais comme moi !

Et tous deux commencent à se **camoufler** avec des feuilles et des branchages.

Dur-Dur grimace :
– Ouille ! J'ai cueilli une « kipique » !

Un moment plus tard, Cro-Manon et Dur-Dur passent au milieu des géants poilus. Chut ! Le duo avance sur la pointe des pieds. Les enfants sont presque hors de danger.

Soudain le nez de Dur-Dur commence à chatouiller : **AAA...**
Ouf ! Cro-Manon l'empêche d'éternuer !

Chapitre 3

Cro-Manon et Dur-Dur se tiennent par la main jusqu'à la fin de la traversée. Dur-Dur demande :
– Et maintenant, où on va ?
Mais son amie reste sans voix.

Pire ! Les enfants se mettent
à trembler de la tête aux pieds...
Là ! Les buissons se mettent
à bouger sous leur nez !
Cette fois, Cro-Manon et Dur-Dur
attrapent une peur violette !

Mais, tout à coup, les deux aventuriers voient apparaître un visage ami :
– Miam-Miam ? Qu'est-ce que tu fais ici ?

Le plus gourmand du clan
des P'tits Orteils rougit,
un peu surpris lui aussi.
Son appétit l'a conduit
jusqu'aux grandes prairies.
Il n'existe pas meilleur endroit
pour manger des fraises des bois...

– **Hourra !** Sauvés !
font Cro-Manon et Dur-Dur
en lui sautant dans les bras.

Allez, en route ! Cro-Manon et Dur-Dur n'ont plus de problème pour retrouver leur chemin. Il leur suffit de suivre les traces de cueillette laissées par Miam-Miam.

Le gourmand propose en pointant

la forêt du doigt :

– On passe par là, pour voir ?

Mais ses amis **s'affolent** :

– Pas question ! L'exploration, ça suffit pour aujourd'hui !

Cro-Manon et Dur-Dur n'ont aucune envie d'attraper une frousse verte !

Fin

Cette histoire t'a plu ?
Je te propose de jouer
maintenant avec
les personnages.

Tu es prêt ?

C'est parti !

Si tu en as besoin,
tu trouveras les solutions
page 32.

Retrouve dans ce tableau tout ce que tu as compris de l'histoire que tu viens de lire.

Quels personnages ?	 Cro-Manon	 Un dinosaure	 Dur-Dur
À quel moment ?	2027 Dans le futur	 Pendant la préhistoire	aujourd'hui Dans le présent
À quel endroit ?	 Dans un avion	 Sous la mer	 Dans la nature
Quel genre ?	 Une pièce de théâtre	 Un roman policier	 Un conte

As-tu bien lu l'histoire ?

Réponds par *Vrai* ou *Faux* à ces affirmations.

1. Cro-Manon est très calme.
2. Dur-Dur aime se camoufler.
3. Les enfants ne doivent pas aller dans les grandes prairies.
4. Miam-Miam déteste manger.
5. Cro-Manon et Dur-Dur ont hâte de rentrer chez eux.

Qui dit quoi ?

Relie chaque personnage à sa bulle.

A

1 **Tu n'es pas chiche d'aller par là !**

B

2 **On passe par là, pour voir ?**

C

3 **L'exploration, ça suffit pour aujourd'hui !**

D

4 **Fais comme moi !**

Devine ce qui est écrit sur la pancarte et caché par les taches de fraise.

Vallée des Silex

Clan des P'tits Orteils

Remets les images dans l'ordre de l'histoire.

A

B

C

D

E

Aide Cro-Manon et Dur-Dur à retrouver le chemin du clan des P'tits Orteils en évitant un serpent et le troupeau de mammouths, et en retrouvant Miam-Miam.

Quel élément n'appartient pas à l'image ?

Pour t'aider, tu peux te rendre page 8.

Solutions des **jeux**

Page 25 : Quels personnages ? Cro-Manon, Dur-Dur. À quel moment ? Pendant la préhistoire. À quel endroit ? Dans la nature. Quel genre ? Un conte.

Page 26 : 1. Faux ; 2. Faux ; 3. Vrai ; 4. Faux ; 5. Vrai.

Page 27 : A 3 ; B 1 ; C 4 ; D 2.

Page 28 : Vallée des Silex
Clan des P'tits Orteils.

Page 29 : E, A, D, B, C.

Page 30 : 

Page 31 : La fraise.

La mascotte « Milan Benjamin » a été créée par Vincent Caut.
Les jeux sont réalisés par l'éditeur, avec les illustrations de Loïc Méhée.

Mise en pages : Graphicat

1, rond-point du Général-Eisenhower, 31101 Toulouse Cedex 9, France
editionsmilan.com
Loi 49.956 du 16.7.1949 sur les publications destinées à la jeunesse.
Dépôt légal : 4e trimestre 2018
ISBN : 978-2-7459-9303-8
Achevé d'imprimer en Espagne par Egedsa